グループで聖書を読むために

旧約聖書の聖徒たち1

M. クンツ／ C. シェル 共著

JN113593

聖書を読む会

目次 Contents

さあ始めましょう！
― 手引の使い方 ―

　この手引は、小グループでディスカッションをしながら聖書を学んでいくための質問集です。聖書が何を言っているのかを自分自身で発見していく助けになります。自分で発見したことや自分の言葉で表現したことは、記憶に残り、生活に生かされていくことでしょう。

♣ 手引の特徴 ♣

　この手引には３つの種類の質問があります。

1. その聖書箇所には何が書かれているか〔観察〕
2. そのことは何を意味しているか〔解釈〕
3. その聖書箇所の教えをあなたの生活にどのように生かすのか〔適用〕

　観察質問の答えは、単純なものですが、とても大切です。とばさずにしっかりと見ていきましょう。私たちは思いのほか書かれていることを見落としてしまうものです。

　聖書を学ぶ目的は、ただ聖書の教えを知るだけでなく、それを生活に適用することです。あなたの考え方や行動、人間関係、人生の方向性を変えていくように聖書を学んでいきましょう。

♣ 学びの進め方 ♣

1. 聖書は学ぶ価値があるという確信をもって学びましょう。

2. グループの中のひとりが司会者になります。司会者は、質問をする人であって、意見や答えを承認、または、否定して正すというような立場ではありません。また、指定されている聖書箇所のすべての意味を説明する必要もありません。

3. 司会者が質問をしますが、司会者とグループの対話ではなく、参加者の間を話が行き交う話し合い（ディスカッション）となるのがよいでしょう。

4. あなたの考えや意見を率直に分かち合いましょう。お互いを尊重して、礼儀正しく話し合いましょう。意見の相違について、すべてを解決しようとする必要はありません。

5. グループの全員が手引をもつことをお勧めします。

6. 各課は1時間〜1時間半で学べるようになっていますが、グループの必要に応じて時間配分をするとよいでしょう。予習をしておくと、スムーズに学びを進めることができ、理解も深まるでしょう。

7. 必ずしも全員が同じ訳の聖書を使う必要はありません。別の訳が理解を深めることもあります。
   ※この手引は「聖書　新改訳2017」（以下、新改訳）に準拠していますが、「聖書　聖書協会共同訳」（以下、共同訳）と大きく違う場合は［　　］で記しています。

8. グループ全体で、脱線をしないよう意識しましょう。

9. 辞書や地図も学びの助けとなるでしょう。

10. 時間通りに始め、時間通りに終わりましょう。

11. グループの人数が増えて10名以上になったら、グループを2つに分けるとよいでしょう。大きなグループでは、自由な発言がしづらくなります。

12. 司会は毎回交替でするとよいでしょう。グループ全員が司会をすると、自分たちのグループであるという意識が強くなります。

♣ あなたが司会者の時 ♣

1. 準備の時に、聖書に書いてあることがよく理解できるように、神の助けを求めて祈りましょう。

2. 予習の時に、聖書箇所を繰り返し読んでおきましょう。できればいくつかの訳を参照するとよいでしょう。また、簡単に答えられる質問と時間がかかりそうな質問とを見分けておきましょう。

3. 始める時間を守りましょう。

4. 開会の祈りは、司会者自身がするか、あるいはあらかじめ他の人に頼んでおきましょう。

5. 聖書の指定箇所を誰かに読んでもらいましょう。段落ごとか内容のまとまりごとに読んでもらうのがよいでしょう。

6. 質問を読んでから、グループからの答えを待ちます。参加者は、質問を聞いて考える時間が必要です。少々の沈黙があっても問題ありません。様子をみて質問の文章を別の表現で言い換えます。司会者が自分で答えるのはなるべく避けましょう。また、学んでいるなかで、すでに答えが出た質問はとばしましょう。

7. グループの全員が発言するように励まします。必要ならば「他の方はどのように考えますか」「他に加えることはありませんか」などと質問してみましょう。

8. どのような答えが出ても温かく受け止めましょう。

9. 脱線し始めたら、グループ全体に働きかけて、話題を元に戻しましょう。

10. まとめの質問をして、時間通りに学びが終わるようにします。祈って終わりましょう。

11. 次の学びはどこでするか、誰が司会者になるかを決めておきましょう。

豊かな学びのための *3* つの提案

1. 学んでいる聖書の箇所からそれないようにしましょう

他の聖書の箇所を引用する時は、グループ全体で以前に
学んだところや手引にある参照箇所にとどめましょう。

2. 脱線を避けましょう

学んでいる聖書の箇所に関係のない話題が出てきた時は、
そのことに時間をさくのはやめましょう。

3. 権威は聖書にあります

聖書自体から答えを見い出しましょう。他の書物から引
用したりせず、なるべくその時学んでいる聖書の箇所か
ら発見するようにしましょう。

はじめに

　「旧約聖書の聖徒たち1」では、イスラエルの民が荒野の旅を終えて約束の地に入る頃（前1400年）から、国が2つに分裂した後の、ヨシャファテ王（前873－849年頃）の時代までに登場する主要な人物について学んでいきます。

　イスラエルの民の物語は、アブラハム、ヨセフ、モーセといった有名な人物から始まり（手引「神の人四人」で取り上げています）ヨシュア、カレブが活躍する時代へと続いていきます。

　1課で学ぶカレブは、イスラエル12部族が約束の地に入る時に活躍しました。

　2－7課で学ぶギデオン、サムソン、ルツの物語は、イスラエルに王が与えられる前の士師の時代（前1380－1050年頃）の出来事です。

　8－9課で学ぶエリヤは、イスラエルに初めて王が誕生してから、およそ200年経った時代に神に立てられた預言者です。当時、王国は北王国イスラエルと南王国ユダに分裂していました。エリヤは、北王国に遣わされ、真の神に仕えるよう民に迫ります。

　10－11課で学ぶヨシャファテ王は、預言者エリヤが北王国で活躍していた頃に、南王国ユダに立てられていた王です。

　「旧約聖書の聖徒たち2」では、その後のイスラエルの歴史に登場する他の6名の人物を学びます。

　この手引には、60－61ページに表があります。各課の最後には、学んだことをその表に書き込む時間を設けています。11課まで終わると、それぞれの信仰者について学んだことが整理されるようになっていますので、12課では、その表を見ながら学んだことをまとめていきましょう。

カレブ―信仰の人

民数記 13:1－14:38、ヨシュア記 14:6－15

　カレブはイスラエルの民がエジプトを出てから、カナンの地（現イスラエル・パレスチナ地方）に入るころに活躍した人です。

　神は、イスラエルの先祖であるアブラハムとその子孫にカナンの地を与えると約束しました。しかし、アブラハムの孫のヤコブの代になって、ヤコブとその息子たちは、カナンでおきた飢饉から逃れるためにエジプトに移住しました。それから400年ほどたった頃、イスラエルの民はエジプトにおいて奴隷となっていました。神はモーセの指導のもとに、イスラエルの民を奴隷としての苦役から解放し、かつて約束したカナンの地を与えるために荒野の旅を導かれました。

　カレブは、カナンの地を探る偵察隊の1人として名前があげられています。神は、荒野の旅の間、民を水と食物で養い、敵の手から何度も救い出すことによって、その偉大な力と愛を示してきました。

民数記 13章

1　主は、カナンの地を探るためにどのような人を遣わすようモーセに命じましたか（1－16節）。

2　a. モーセは偵察に行く者たちに、どのような指示を与えましたか（17－20節）。

　　　b. 偵察隊は、遣わされたカナンの地でどのようなことを見てきましたか（21－29節）。

3　偵察隊の報告を聞いて、全会衆はどのような反応をしていると思いますか。

4 a. カレブの見解は他の偵察員とどのように違っていますか（30－33
　　 節）。

　　 b. この時のカレブの気持ちを想像してみましょう。

民数記 14:1－38

5 偵察員の報告を聞いた民は、どのような反応をしましたか（1－10
　　 節）。

6 ヨシュアとカレブは、他の10人の偵察員とは反対の提案をしてい
　　 ます（6－9節）。彼らは、同じ状況を見ながら、なぜ攻め上ること
　　 が出来ると確信しているのですか。

7 もしあなたがこのふたりの立場に立たされたとしたら、どのような
　　 葛藤を覚えると思いますか。

8 a. 「主に背いてはならない。その地の人々を恐れてはならない。」と
　　　 いうヨシュアとカレブの訴えに対して会衆がとった態度を、神は
　　　 どのように見ていますか（10－12節）。

　　 b. イスラエルの民は、なぜふさわしい判断が出来なかったのでしょ
　　　 うか。

9 a. モーセのとりなしに答えた主は、イスラエルの民の不信仰に対し
　　　 て、どのようなさばきを下すと語っていますか（20－36[35]節）。

　　 b. 民の不信仰にもかかわらず、主の約束はどのようなかたちで受け
　　　 継がれていきますか（30－38節）。

10 12人の偵察員は、どうなりましたか（37−38節）。

11 a. 10人の偵察員が下した結論（13章31−33節）は、民にどのような影響を与えたでしょうか。話し合いましょう。

　　b. 目に見える状況だけを頼りに結論を出したイスラエルの民は、何を見落としてしまったのでしょうか。

12 後に、モーセがこの時のことを思い出して語っている箇所を見てみましょう（民数記 32章10−12節）。

　　a. イスラエルの民は、主に信頼してエジプトから出発しましたが、目に見える状況に左右されて、カレブやヨシュアのように従い通すことが出来ませんでした。「従う」ことと「従い通す」ことには、どのような違いがありますか。

　　b. あなたがイスラエルの民のひとりであったとしたら、どのような行動をとったと思いますか。

　　c. あなたは信仰者として、どのようなことで主に「従い通す」ことを求められていると思いますか。

　　d. 主に従い通したカレブとヨシュアに与えられた祝福は何ですか（申命記 １章34−38節参照）。

ヨシュア記 14:6−15

13 カナンの地へ偵察に行った時から45年経ち、カレブはヨシュアとともに偵察員としてその地に行ったことを回想しています。カレブは、自分が他の偵察員と明らかに違っていたのは、どのような点だったと言っていますか。

14 a. カレブは、現在の自分自身についてどのように語っていますか（10－11節）。

b. カレブはこれから何をしようとしていますか。

c. なぜそうするつもりなのですか。

注) カレブが求めた城壁のあるアナク人の町々とは、まさしく45年ほど前に偵察隊が見てきて恐れ、イスラエルの民を震え上がらせたあの町々のことです。

♣ まとめましょう ♣

1 カレブはどのような人ですか。彼の性格についてわかることをあげましょう。

2 カレブは、その生涯を通して、主をどのようなお方としてとらえていたと思いますか。

3 あなたは、カレブから何を学びましたか。また、それをあなたの生活にどのように生かすことが出来ますか。

4 60－61ページにある表に、カレブについて学んだことを書きとめましょう。

・むすび・

　カレブは偵察隊のひとりとして選ばれました。彼は意見が分かれた時に、多数派に屈せず、困難と見える道を信仰をもって選ぶことを進言しました。神がともにいてくださるということを確信していたのです。彼の信仰による決断が、彼自身と子孫の行く末を決定しました。カレブは、恐れる民を説得することは出来ませんでしたが、生涯神に従い通しました。そして、不信仰になった者たちの悲惨な結末も見とどけました。カレブの生涯は、神が真実なお方であることを証しているのです。

・祈　り・

主よ、カレブがあなたに従いきった姿に励まされます。
困難と危険ゆえに多くの反対がある中で、
信仰に立ち続けることは、どれほど大変なことだったでしょうか。
カレブのように、私たちもあなたに従い通せるよう助けてください。
年をとっても、カレブと同じ勇気と情熱をもつことができますように。

イエス・キリストの御名によって祈ります。アーメン。

2課　ギデオン―ためらう勇士 I

士師記 6－7章

　　主は、イスラエルの民をカナンの地に導き、彼らがカナンの人々と戦い、その地を勝ち取るようにされました。

　　それからしばらく後の、紀元前1380年－1050年頃までは、士師の時代と呼ばれています。この時期は、イスラエルが真の神を捨てて堕落すると、神は敵国の侵攻を許して神の民を懲らしめ、民が悔い改めて神に救いを求めると、神は選ばれた指導者（士師―さばきつかさ）を用いて、イスラエルを敵の手から救い出す、ということが繰り返されていました。ギデオンはそのような時代の初期に、神に立てられた士師です。主は、ギデオンを用いて東方から侵略してくるミデヤン人をはじめとする遊牧民の手からイスラエルの民を救ってくださいました。

士師記 6:1－10

1　a. この頃のイスラエルは、どのような状態でしたか。

　　　b. 他民族による抑圧はどのくらい続いていますか。

　　　c. どうしてそのような事態になったのですか。

2　イスラエル人が主に助けを求めて叫んだ時、主は預言者を通してどのようなことを告げましたか（7－10節）。

3 a. ギデオンはミデヤン人の略奪をのがれて、酒ぶねの中で小麦を打っていた時に、主の使いの挨拶を受けました。この時、ギデオンは主の使いにどのように答えていますか。

b. どうしてそのような応答をしたのですか。

4 a. 自分に宣告された驚くべきこと（14節）に、ギデオンはどのように答えていますか。

b. 主は、ギデオンの応答に対してどのように答えていますか。

5 a. ギデオンはどのようなことを確かめようとしていますか（17節）。

b. 主は、ギデオンが求めたことに対して、どのように答えてくださいましたか（17－23節）。

6 a. 自分にはとても無理だと思われる仕事を頼まれた時、あなたはどのようなことを考えて、結論を出そうとしますか。

b. 主はギデオンにどのようなことを教えようとしているのでしょうか（14－24節）。

7 a. 主は、イスラエルの罪のために、ミデヤン人が彼らを略奪するのを許しておられました（6章1節）。民の罪は、ギデオン自身の家庭の中にまで入り込んでいました。神はギデオンにまず何をするよう命じましたか（25－26節）。

b. このことから、神がイスラエルの民に何を求めているのだとわかりますか。

8 あなたの生活を振り返ってみましょう。取り除かなければならない悪い習慣や明らかな罪がありますか。または、神からうながされて自分が取り組まなければならない課題がありますか。生活の中から何を取り除き、何を立て直さなければならないか分かち合いましょう。

9 ギデオンのとった行動を見ると（27節）、ギデオンはミデヤン人だけでなく誰を恐れていますか。

10 信仰者として主に従おうと思いつつも、友人や家族の目が気になり、堂々と従えなかったという経験はありますか。

11 ギデオンがしたことに気付いた町の人々は、ギデオンを殺害しようとしました。この時の、ギデオンを守ろうとする父親ヨアシュの言い分は何ですか（31節）。それはどういう意味だと思いますか。

注）バアルとアシェラは、カナンの肥沃神で農作物の豊穣をもたらす神々と考えられていたため、人々は、雨と豊作を願って礼拝しました。アシェラは木柱で表され、バアルの妻とされていました。

12 33－35節では、どのようなことが起きていますか。状況を想像しながら説明しましょう。

13 a. ギデオンは羊の毛によって、何を確かめようとしましたか（36－40節）。

b. それに対して、神はどのように答えましたか。

士師記 7章

14 a. 主は、なぜギデオンの兵力を減らすようにと言われたのですか（2節）。

b. ギデオンの呼びかけに応じて集まった兵は3万2千人でしたが、最終的に3百人にしぼられました。主はどのような方法で3百人を選びましたか。

　　編集者注）8章10節から推察すると、この時点で、敵の総勢は13万5千人でした。

15 ギデオンの低い自己評価（6章15節）や何度もしるしを求めたほどの慎重さを考えると、主の命令に従って兵の数を減らす時のギデオンの心の内は、どのようなものだったと思いますか。

16 a. 9－15節に書かれている出来事を通して、ギデオンの性格と神のご性質について、どのようなことがわかりますか。

b. 敵陣で聞いた話は、ギデオンをどのように奮い立たせましたか。

17 あなたが信仰をもって神に従おうとする時、何をもって神の導きを確信しますか。

18 a. 少ない兵力でミデヤン人と戦うギデオンの戦略を見ると、ギデオンはどのような能力をもっていたと考えられますか（15－18節）。

b. この戦いはどのように進んでいきましたか（19－25節）。

♣ まとめましょう ♣

60－61ページにある表に、ギデオンについて学んだことを書きとめましょう。

・祈り・

主よ、なかなか踏み出せなかったギデオンに対して、
あなたが忍耐深くあられたことは、私たちにとって大きな励ましです。
ギデオンは、あなたの導きを確信するために、
何度もしるしを求めました。
あなたはそのような彼を退けるのではなく、
寛大な心でその求めに答えてくださいました。
あなたの御力によるならば、力のない者であっても
戦いに勝利することが出来ることを教えて頂きました。
困難に直面する時にも、あなたを信頼して歩めるように
助けてください。

イエス・キリストの御名によって祈ります。アーメン。

3課

ギデオン─ためらう勇士 Ⅱ

士師記 8章

＊前回の学びでギデオンが直面した状況を簡単に振り返りましょう。ギデオンについて、神について、どのようなことがわかりましたか。

士師記 8章

編集者注）8章の初めに、ギデオンはエフライム人から非難を受けています(1節)。エフライム人とは、イスラエルの一部族ですが、彼らはミデヤン人を追撃する際に、他のマナセ族、アシェル族、ゼブルン族、ナフタリ族に遅れて(6章35節)途中から招集されました。しかし、ミデヤン人の首長 [将軍] オレブとゼエブの首をとったのは、エフライム人でした(7章24－25節)。エフライム人は、戦いに際しての助力が初めから求められなかったことで自尊心が傷つけられたのか、あるいはリーダーシップをとったギデオンに嫉妬心を抱いたのかもしれません。

1 a. エフライム人から受けた非難に、ギデオンはどのように答えていますか(2－3節)。

b. ギデオンは、ミデヤン人の首長の首をとったというエフライム人の手柄は、自分たちが成したことにも勝るものだと言って彼らをなだめました (ギデオンはアビエゼル家の出身です)。自分を非難してきた者たちに、このように応答したギデオンについて、どのような印象を持ちますか。

2 エフライム人とのトラブルがおさまったところで、ギデオンたちは敵の追撃を続けます。疲れていた彼らは、ガド族に属するスコテとペヌエルの人々に食糧を提供してくれるよう求めます。スコテとペヌエルの人々は、その求めにどのように答えましたか(5－9節)。その対応の様子から、彼らは、ミデヤン人との戦いをどのように見ていると考えられますか。

3 a. スコテとペヌエルの人々の態度を受けて、ギデオンは怒って何と言っていますか。ギデオンがそのように言ったのは、彼にどのような確信があったからですか（7、9節）。

b. ギデオンとその部下たちは、イスラエル人をミデヤン人の支配から解放するために戦ってきましたが、味方であるはずの同じイスラエル人の冷淡さに直面しました。この時のギデオンの気持ちを想像してみましょう。ギデオンは同胞がどのように応答してくれることを望んでいたと思いますか。

c. スコテとペヌエルの人々はなぜ非協力的だったのだと思いますか。

4 a. ミデヤン人の追撃を続けたギデオンとその部隊は、どのようにしてミデヤンのふたりの王ゼバフとツァルムナを捕えましたか（10−12節）。

b. ギデオンは、なぜ息子のエテルに王たちを殺させようとしたのだと思いますか（20−21節）。

5 a. ギデオンは、自分たちを治めてほしいというイスラエル人の申し出をなぜ断ったのですか（22−23節）。

b. イスラエル人は、彼らをミデヤン人の脅威から救ったのは誰だと言っていますか（22節）。主は、ギデオンにどのように語ってきましたか（7章2、9、15節）。

c. 自分たちを治めてほしいというイスラエル人のことばを、ギデオンはどのような気持ちで聞いていたと思いますか。

6　ギデオンは、民を治めることは断りましたが、ミデヤン人との戦いで得た戦利品を差し出すよう要求しました。彼はそれでエポデを作りましたが、このことが結果的にどのような事態を招いてしまいましたか（24－27節）。

　　注）イシュマエル人（24節）とは、アラビヤの遊牧民のことで、ミデヤン人もそれに属していました。エポデとは、主に仕える大祭司が身につけていた装束です。おそらくギデオンは、自分で作ったエポデを着て、神のみこころを問うという祭司の役割をしていたのでしょう。イスラエルではレビ族の者が祭司になるように定められていたことを考えると、ギデオンの行為は祭司職の軽視へとつながったとも言えるでしょう。

❧ 2課と3課をまとめましょう ❧

1　a. 神がギデオンに求めたことは何でしたか。

　　b. 神がギデオンを通してイスラエルに求めたことは何でしたか。

2　a. ギデオンは、どのような点でリーダーシップを発揮しましたか。

　　b. 神がギデオンにチャレンジを与えたように、あなたにも自分には不向きだと感じている分野で使命を与えることがあるかもしれません。その時、あなたはどのように応答すると思いますか。

3　a. ギデオンには、どのような弱さがありましたか。

　　b. ギデオンの長所はどのようなところですか。

　　c. あなたがギデオンに共感できるところはありますか。

4　a. ギデオンは、その生涯を通して、神をどのようなお方としてとらえていたと思いますか。

b. あなたは、ギデオンの歩みから何を教えられましたか。それは、あなたの生活の中でどのような助けになりますか。

5 60−61ページの表に、ギデオンについて学んだことを書きとめましょう。

・むすび・

　神は、ギデオンを用いてイスラエルを救おうとされましたが、ギデオンは臆病で用心深い応答を繰り返しました。しかし、それは、彼が神の力を疑っていたからではなく、神が本当に自分を用いられるのかを確認するためでした。イスラエルの最も弱い一族出身で、その中でも一番若いギデオンが主の呼びかけに応じることは、どれほど勇気のいることだったでしょうか。神は、臆病になっていたギデオンに忍耐をもって答えてくださり、まず彼の家から偶像を取り除くことを求められました。主は、ギデオンを用いて、約束通りイスラエルの民をミデヤン人の手から救ってくださいました。

・祈 り・

主よ、あなたがご自分の民に求めておられることは、
偶像ではなく、あなたを信頼し礼拝することです。
臆病な私たちに勇気を与え、ギデオンのように、
様々な戦いの中であなただけを頼る者としてください。
御力によって勝利を得る時には、
それを自分の功績とすることがないよう
私たちを高ぶりからお守りください。

イエス・キリストの御名によって祈ります。アーメン。

サムソン—軽率で型破りな士師 I

士師記 13:1－15:20

サムソンが士師として民を導いていたのは、士師時代末期の紀元前1070年－1050年頃でした。当時、イスラエルの民は、彼らをエジプトから導き出された真の神ではなく、カナンの偶像の神々を拝み、その力を頼りに生活していました。そのため神は、ペリシテ人がイスラエルの民を圧迫することを許しました。

ペリシテ人は、イスラエルの国境の西側に面する、アシュケロン、ガザ、エクロン、アシュドデ、ガテの5つの都市に住んでいました。

サムソンの記事は、国境近くに位置し、ペリシテ人と接して暮らすイスラエルの村々がいかに不安定な状況であったかを物語っています。サムソンによって始められたペリシテ人からの解放は、サムエル、サウル王、その息子のヨナタンへと引き継がれ、ダビデ王によって完全に成し遂げられます。

＊サムソンの学びに入る準備として、民数記6章1－8節にあるナジル人についての説明を読んでおきましょう。

士師記 13章

1　次の点について要約しましょう。
　　a. 当時のイスラエルは、どういう状態でしたか。

　　b. サムソンは他の人とどのような点で違っていますか。

　　c. サムソンに対する神の目的は何ですか。

2 13章24−25節から、サムソンの成長についてどのようなことが
わかりますか。

3 サムソンと両親はどのような親子関係であったと思いますか。14
章全体を読んで気がついたことを分かち合いましょう。

注) サムソンの婚礼は、通常のユダヤ人の婚礼とは異なり、花婿が花嫁の元を訪れ
ました。これは、花嫁側の風習にサムソンが従ったものと言えるでしょう。

4 a. サムソンは、どのように獅子を殺しましたか。

b. 彼は、後にその時の一連の出来事をどのように利用しましたか。

5 a. サムソンの妻は、どのようにしてなぞの答えを手に入れましたか
（15−17節）。

b. その結果はどうなりましたか。

c. サムソンは、ペリシテ人と戦う力をどこから得ているのですか。

6 a. サムソンという人は、どういう人だと思いますか。人物像を語り
合いましょう。

b. あなたにも似たところはありますか。

士師記 15章

7 義父がサムソンの妻を他の者に与えてしまいました。それから始ま
る一連の出来事を簡単に要約しましょう。サムソンについてどのよ
うな印象を持ちますか。

8 a. イスラエルの民はペリシテ人に対して、どのような態度をとっていますか(9－13節)。

 b. 同胞であるサムソンへの対応を見ると、イスラエルの民がどのような状態にあることが読み取れますか。

9 レヒでペリシテ人の手に引き渡されたサムソンは、どのように戦い、勝利しましたか。

10 サムソンの祈りから、彼の信仰の姿勢や今置かれている状況についてどのようなことがわかりますか(18節)。

11 彼の祈りはどのように答えられましたか(19節)。

12 サムソンの祈りから教えられることはありますか。

〰〰

✤ まとめましょう ✤

60－61ページの表に、サムソンについて学んだことを書きとめましょう。

編集者注)サムソンは、生まれも育ちもナジル人として神にささげられていました。成人になったサムソンは、型破りで自分の欲望に任せて生きていますが、神はそれすらも用いて、歴史の中で働かれました。レヒでの戦いの勝利によって、サムソンの権威は確立し、彼は20年間イスラエルの士師として活躍しました(15章20節)。その間、イスラエルの人々はペリシテ人との争いを避けることが出来たのです。

・祈 り・

主よ、サムソンは、弱さもありましたが、力を与えられ、
あなたのご計画が実現するために用いられました。
あなたは、選ばれたしもべの個性を生かして働いてくださいます。
しもべを選ぶあなたの権威を認めて歩む者としてください。

イエス・キリストの御名によって祈ります。アーメン。

5課

サムソン―軽率で型破りな士師 Ⅱ

士師記 16章

*士師記13-15章の出来事を簡単に思い出してみましょう。

士師記 16章

1 a. ガザはペリシテ人の町でした。そこでの出来事には、サムソンという人のどのような面が表れていますか（1-3節）。

　　b. 今までサムソンが何か事を起こす時は、いつもその力の源がどこにあるのか記されていました。どのような表現で表されていますか（14章6、19節、15章14節）。

　　注）ヘブロンはガザから60キロほど東にあります。

　　編集者注）16章で記されている事は、サムソンが士師として活躍した20年間の終わりの方で起こった出来事です。サムソンの力を恐れるペリシテ人は、イスラエルの地に踏み込むことが出来ず、イスラエルにとっては平和な年月が過ぎていたと思われます。そのような背景のもとで、1-3節の事件（出来事）が起こりました。

2 町の門は、その町の勢力や安全性を象徴するものですから、この事件を通してガザの人々は脅威と屈辱を感じたことでしょう。この事を伝え聞いたイスラエルの民は、どのように感じたと思いますか。

3 a. その後、サムソンはソレクの谷に住むペリシテ人の女性デリラに恋をします。
　　　ペリシテ人は、どのようにしてサムソンを捕えようとしましたか。

　　b. サムソンはどのようにして、デリラとその背後で糸を引いている人々をじらしていますか。

4 a. サムソンとデリラのかけひきが読み取れますか。それをことばで表してみましょう。

　　b. デリラとの一連のやりとりは、サムソンが最初に見初めた女性とのやりとり（14章15－18節）とどのような点で似ていますか。

5 サムソンは、確かに奔放な性格で、女性に弱く暴力的ですが、ナジル人としての誓願を守ってきたようです（16章17節）。しかし、なぜサムソンは、この時自分の力の秘密を信用できない恋人に話してしまったのだと思いますか。

6 眠りから覚めたサムソンは、重大なことに気づいていません。それは何ですか。

7 サムソンの弱さは女性との関係に表れ、彼は大きな失敗をしています。あなたが思うあなたの弱さとは何ですか。それは、あなたが神に従おうとする時にどのような影響を与えていますか。

8 a. ペリシテ人に捕えられてガザに連れて行かれたサムソンは（21節）、以前とどのように違いますか（3節）。力を失ったサムソンはどのようなことを考えているか想像してみましょう。

　　b. ナジル人の神への献身が「髪の毛」で表されていたことを考えると（民数記6章1－8節参照）、22節のことばはどのようにとらえることが出来ますか。

9 a. 23－27節にはどういう状況が書かれていますか。

　　b. この時のサムソンの気持ちを想像してみましょう。

10 サムソンはどのようなことを祈っていますか（28節）。

11 a. 祝いの席には、どのような人が集まっていましたか（23、30節）。

b. 神は、サムソンの祈りに答えて、彼の最期をどのように用いましたか。

12 サムソンの身内の者たちは、サムソンをツォルアとエシュタオルとの間にある父の墓に葬りました。ここは、サムソンにとってどのような場所でしたか（13章24–25節）。

♣ 4課と5課をまとめましょう ♣

1 サムソンはどのような人ですか。あなたの印象を分かち合いましょう。

2 a. サムソンが士師として活躍した20年間に、イスラエルに対する神のご計画（13章5節）は、どのように実現しましたか。

b. ヘブル人への手紙11章32–34節を見ると、サムソンの名前を見いだすことが出来ます。このことは、サムソンについて何を物語っていますか。

3 神に特別な力を与えられたサムソンでしたが、その生き方は神に対して常に誠実であったとは言いきれません。しかし、神は、彼の弱ささえもご自身のご計画の中で用いました。あなたは、神からどのような賜物が与えられていると思いますか。それは、責任をもって正しく生かされていますか。

4 60–61ページの表に、サムソンについて学んだことを書きとめましょう。

・むすび・

　主のご計画は、サムソンを通して、イスラエルの民をペリシテ人の手から救い始めることでした。そのために、神は、神をおそれる家庭にサムソンを誕生させ、普通ではないほどの身体的な強さを与えました。強情で、遊び人で、女性に弱い彼を、神はそのままの姿で用いて、20年もの間イスラエルをペリシテ人の手から守ってくださいました。サムソンは自分の力の秘密を恋人に明かしてしまうという失敗をして、ついにはペリシテ人の手に堕ちてしまいますが、神の力によって最期に大きな働きをしました。

・祈　り・

主よ、サムソンの生涯に見られる誘惑や弱さが、
私たちの内にもあることを認めます。
弱さにもかかわらず、ご計画の中で
私たちを用いてくださることを感謝します。
与えられた賜物を軽く扱ったり、
自分の欲望を満たす為に使ったりすることがないよう
助けてください。

イエス・キリストの御名によって祈ります。アーメン。

ルツ―立派な女性 I

ルツ記 1－2章

ルツ記は、士師の時代を背景として書かれています。しかし、その内容は、士師記のテーマとは異なり、ありふれた庶民の人生の決断や悲しみを描きながら、ひとりの異邦人の女性が神の民に加えられ、祝福の管となっていくという物語です。

ルツ記 1章

1 モアブの女性ルツは、イスラエル人にとっては異教徒の女性ですが、どのようないきさつでイスラエル人の男性と結婚することになったのでしょう。

2 夫と息子たちに先立たれ異教の地に残されたナオミは、故郷であるユダの飢饉がおさまったことを聞き、ユダに帰ることにしました。ふたりの嫁とともに帰途につき、故郷への旅を始めていましたが、ナオミは途中で嫁のオルパとルツに語りかけます（8－9節）。ナオミのことばから、彼女の心の中の葛藤や若い嫁たちへの配慮を読み取りましょう。なぜ、ナオミは、ふたりが自分と一緒にユダの地に行くことを思いとどまらせようとしたのですか（6－15節）。

3 a. オルパとルツは、姑であるナオミに対してどのように接していますか。10年間ともに暮らした3人ですが（4節）、彼女たちの関係はどのようであったと想像できますか。

   b. ふたりは、ナオミについていくことで、どのような犠牲を払おうとしていますか。

4 やがてオルパは自分の母の家に帰る決心をしましたが、ルツはすがりついて離れませんでした。16−17節には、ルツの堅い決心のことばが書かれています。なぜルツはそのような決断が出来たのだと思いますか。

5 a. 当時、女性がふたりだけで80キロ以上もの道を旅するにあたって、どのような危険があったか、またどのような備えが必要であったか考えてみましょう。

b. そのような危険をおかしてでも、故郷ベツレヘムへ戻ろうとしているナオミの心の内を想像してみましょう。

6 a. ふたりがベツレヘムに着いた時、町の人たちはどのような反応をしましたか。ナオミはどのような様子でしたか（19−22節）。

b. ナオミは、自分の身に起こったことの原因をどのように言っていますか。

7 モアブの嫁を伴って、10年ぶりに帰ってきたナオミに対する町の女性たちの様々な思いを想像してみましょう。

8 1章で見てきたルツの生き方から、あなたはどのようなことを教えられますか。

ルツ記 2章

9 a. ナオミとルツは、大麦の刈り入れが始まった頃ベツレヘムに着きました。モーセの律法は、貧しい者や在留異国人に収穫の取り残しを集める権利を与えていました。ルツはなぜ畑に行ったのですか。

b. ルツはどのようにしてボアズの畑に行き着きましたか（3節）。

10 a. ボアズに仕えている若者は、ルツについてどのように説明していますか（6－7節）。

b. そのような立場の人が、ルツの仕事ぶりに気づいたのはなぜだと思いますか。

11 あなたは、自分に与えられた仕事に向かう時、どのような姿勢で向かうよう心がけていますか。

12 ボアズは、ルツを特別扱いしているようです。彼のことばと行動を観察してみましょう（8－9節）。ボアズはルツに何と呼びかけていますか。どのような指示を与えましたか。

13 ルツはイスラエルでの自分の立場をどのように考えていますか。彼女がボアズに答えていることばと態度から考えましょう（10、13節）。

14 a. この時、ボアズはルツと初対面でしたが、すでに彼女について知っていました。ボアズはルツについてどのようなことを知っていますか。またルツをどのように見ていますか（11－12節）。

b. ボアズは、生まれ故郷を離れて見知らぬ土地へやってきたルツとイスラエルの神との関係をどのように表現していますか。

注）翼を広げてひなを敵から守る母鳥の比喩は、神がイスラエルを守る様子を表現するものとして旧約聖書にしばしば出てきます。

15 a. なぜルツは慰めを必要としていたのですか。ルツの立場になって考えてみましょう。

b. あなたも困難や孤独のなかで、主の翼の下に身を避けたことがあります。経験を分かち合いましょう。

16 夕方まで落ち穂を拾い集めてから、ルツは姑ナオミのところへ帰りました。ナオミとルツの会話を読みましょう（17－23節）。
ルツが落ち穂を拾いに行った先がボアズの畑であったこと、またボアズがルツに親切であったことを、ナオミはどのように解釈していますか。

> 編集者注）イスラエルには、人が貧しくなって土地を売る場合、その親類が土地を買い戻すことが出来るという制度がありました（レビ記25章25節）。ナオミの亡き夫エリメレクは畑を所有していました。跡継ぎがいなかったため、ナオミはその畑を売ろうとしていましたが、ボアズはそれを親類として買い戻す権利を持つ者の一人でした。

17 ナオミは、ルツにボアズの畑で働き続けるよう励ましていますが、なぜだと思いますか。

18 a. ルツ記の2章までを見てきましたが、あなたはそこに書かれた人間関係や出来事を通して何を教えられましたか。

b. そのことを、あなたの生活の中でどのように生かすことが出来ますか。

♣ まとめましょう ♣

60－61ページにある表に、これまでルツについて学んだことを書きとめましょう。

・祈 り・

主よ、誰でもあなたの下に避け所を求めてきた者には、
恵みと真実を尽くしてくださることを感謝します。
ナオミやルツを守ってくださったように、
私の行く道も守り導いてください。

イエス・キリストの御名によって祈ります。アーメン。

ルツ ― 立派な女性 Ⅱ

ルツ記 3 − 4 章

＊1章と2章の出来事を思い出しましょう。

ルツ記 3章

1 a. 当時、結婚の取り決めは親がすることになっていたので、ルツの
　　　落ち着く先をナオミが取り計らうことは当然のことでした。ナオ
　　　ミはルツに何をするように言っていますか（1−4節）。

　　b. ルツはそれにどう答えていますか。

2 a. ボアズはルツと話す時、いつもどのように呼びかけていますか。

　　b. そのことやボアズの言葉から（10節）、ふたりの年齢差について
　　　どのようなことがわかりますか。

3 ボアズに対して、ルツは自分のことをどのように言っていますか（9
　　節）。かつてルツが自分自身について語っていることばと比べてみ
　　ましょう（2章10、13節）。どのように変化していますか。

4 男性が衣のすそを広げて、女性を覆うことは（3章9節）、彼女を妻
　　として受け入れることを意味しました。ルツの申し出に対して、ボ
　　アズはどのように応答していますか（10−15節）。

5 a. ボアズのルツへの対応には、彼のどのような人柄が表われていま
　　　すか。

b. ルツからの報告とナオミに示されたボアズの好意を受けて、ナオミは事の成り行きをどのような気持ちで受け止めていると思いますか。

ルツ記 4章

6 a. 町の門のところにある広場では、商業の取引や法的な取り決めがなされていました。ボアズは、ナオミとルツに関する事柄の対処をどのように進めていますか。

b. ボアズよりも近い買い戻しの権利のある親類の人は、なぜ最終的に土地の買い戻しを断ったのですか。

7 町の長老たちと門にいた人々は、ボアズへの祝福のことばとしてどのようなことを言っていますか（11−12節）。

8 女性たちは、ルツとルツがボアズに産んだ子供について、ナオミにどのようなことを言っていますか（13−16節）。

9 ルツがイスラエルの神を信じてナオミとともにユダの地に来たことは、彼女の個人的な決断によるものでした。ルツ記のむすびとマタイ1章1−16節を読むと、そのルツの決断はどのようなことにつながっていきましたか。

♣ まとめましょう ♣

1 ルツは異邦人でありながら、ユダヤ社会において敬われました。彼女のどのようなところが「しっかりした女」［立派な女性］（3章11節）として知られるようになったのだと思いますか。

2　ルツは、その生涯を通して、イスラエルの神、主をどのようなお方
　としてとらえていたと思いますか。

3　60-61ページにある表に、ルツについて学んだことを書きとめましょう。

・むすび・

　ルツの生涯は、力をもってなされた偉業や、戦いに勝利したギデオン
やサムソンのように華々しいものではありません。しかし、彼女の歩み
のなかに見られる善良さや思いやり、また彼女がイスラエルの神に従う
決断をした信仰は、聖書の中でも大切に伝えられています。献身的に
ナオミを愛し、忠実によく働いたルツは、外国から来た者であったにも
かかわらず、ベツレヘムの人々から敬意と賞賛を受けたのです。ルツは
信仰によって神の民に加えられ、神の救いのご計画の中で用いられま
した。ルツによって生まれた子は、やがてイスラエルを統一する王ダ
ビデの祖父であり、後に、この家系からイエス・キリストが生まれる
のです。

・祈り・

　主よ、ナオミ、ルツ、ボアズの物語は、
　あなたの救いのご計画の大切な一幕でした。
　あなたは、計り知れないみこころの中で、
　へりくだる者を用いられることを感謝します。
　どうか、私たちもルツのように誠実に、
　また忍耐をもって愛する者にしてください。

　イエス・キリストの御名によって祈ります。アーメン。

エリヤ―孤独な預言者 Ⅰ

列王記 第一［上］17－18章

　士師の時代の末期、イスラエルの民は、周辺諸国のように王が立てられることを強く求めました。神はその声に答えてまずサウルを、続いてダビデ、次にソロモンを王として立てました。ソロモンの息子であったレハブアムの代になると、イスラエル王国は内紛によって分裂し、イスラエル12部族中、ユダ族とベニヤミン族はレハブアムにつき、南王国（ユダ王国）を、他の10部族は、かつてソロモンの家臣であったヤロブアムに従い、北王国（イスラエル王国）を形成しました。

　アハブは、北王国の7代目の王として、22年間（紀元前874－853年頃）イスラエルを治めました。彼は、シドン人の王エテバアルの娘イゼベルと政略結婚をしました。この結婚は、政治的には都合のよいものでしたが、アハブはイゼベルの持ち込んだバアル礼拝を国内で強く押し進め、主なる神をないがしろにしたため、イスラエルに霊的な破壊をもたらすこととなりました（Ⅰ列王記16章29－33節）。神の預言者であるエリヤが、北王国イスラエルに遣わされたのは、この頃です。

Ⅰ列王記 17章

1　預言者エリヤはアハブ王にどのようなことを告げていますか。

2　神は、どのようにしてエリヤを干ばつと飢饉の影響から、またアハブ王の手からも守ってくださいましたか（2－16節）。

　　注）ケリテ川周辺もツァレファテ［サレプタ］もアハブ王の手の届かない地域にありました。

3　残された最後の食事をして死を待とうとしているやもめに向かって、エリヤはまず自分に水とパンを持ってくるよう要求しました。なぜ、そのようなことが言えたのですか。

4　やもめは、エリヤによって語られた主のことばを信じて自分のもっている最後の食糧をエリヤに与えました。主は、預言者を通して語ったやもめへの約束を、どのように果たしてくださいましたか。

5　a. 干ばつのなか、主によって命を長らえることが出来たやもめとその息子は、その後どうなりましたか（17－24節）。

　　b. エリヤはやもめの嘆きをどのように受け止め、主に訴えていますか。

　　c. 主はどのように答えてくださいましたか。

6　a. 子供の死とその生還を経験したことは、このやもめにとってどのような意味がありましたか（24節）。エリヤにとってはどのような意味があったと思いますか。

　　b. 苦難の中で神の力を経験したことがありますか。

Ⅰ列王記 18章

7　干ばつは長引き、状況はますます厳しくなり、家畜のための牧草を探し歩くほどになりました。エリヤはなぜアハブに会おうとしているのですか（1節）。

8　a. アハブやオバデヤに会って話すエリヤの様子を見て、どのような印象を持ちますか（7－19節）。

b. オバデヤの話している内容から考えると、アハブの統治下にある
イスラエルは、どのような状態になっていることがわかりますか。

9　アハブがエリヤの挑戦的な非難を受けながらも、そのことばに応じ
たのはなぜだと思いますか（18－20節）。

10　カルメル山はどこにありますか。聖書巻末の地図等で確かめましょう。

11　カルメル山では、何が起きましたか（20－40節）。おおまかにまと
めましょう。

12　エリヤはイスラエルの人々に何をするよう求めていますか（21節）。

13　a. どちらが真の神かを確かめるために、エリヤはどのようなことを
提案していますか。

b. バアルの預言者たちが儀式を行っている間、エリヤはどのような
態度で彼らを見ていますか。

14　a. エリヤはなぜ、バアルの預言者たちに先にチャンスを与えたのだ
と思いますか。

b. エリヤは、どのようにしてバアルの預言者たちと対決しましたか
（30－38節）。

15　a. エリヤのささげる祈りは、バアルの預言者たちの祈りと、どのよ
うに違いますか（26－29、36－37節）。

b. エリヤの祈りから、どのようなことを教えられますか。

8
課
エ
リ
ヤ
ー
孤
独
な
預
言
者
Ⅰ

43

16 神は、エリヤの祈りにどのように答えられましたか。

17 あなたは、エリヤの祈りに答えられた神が、今も生きて力強く働くことを信じますか。今、祈り求めていることがあるなら、分かち合いましょう。

18 a. エリヤは、「雨を降らせよう」という主のことばを告げにアハブに会いに行きましたが、まずバアルの預言者たちとの対決がありました。それは、なぜだと思いますか。

b. 雨が降り出すのを待っているエリヤの心と体は、どのような状態にあったと思いますか。

♣ まとめましょう ♣

60-61ページにある表に、エリヤについて学んだことを書きとめましょう。

・祈 り・

主よ、エリヤに対して示されたあなたの憐れみと力を覚えて、
あなたを賛美します。
私たちが困難に押しつぶされてしまいそうな時も、
ともにいてくださるあなたに、
目を向けることが出来るようにしてください。
あなた以外のものに頼ろうとする時、
それが私たちにとっての偶像です。
どのような時にも、あなただけを神として
信頼し続けることが出来るように助けてください。

イエス・キリストの御名によって祈ります。アーメン。

9課

エリヤ―孤独な預言者 II

列王記 第一［上］19章

*エリヤはこれまでどのような状況に直面してきましたか。 I列王記
17-18章で見てきた出来事を思い出しましょう。

I列王記 19章

1 イゼベルは、どのようにエリヤを脅していますか。

2 a. イゼベルの脅しを聞いて、エリヤはどうしましたか。

  b. エリヤはイゼベルを恐れて、160キロ以上離れたベエル・シェ
    バまで逃れました（3節）。意気消沈した預言者が死を願った時、
    主はまず何をしてくださいましたか（5-8節）。

3 ホレブ山では、何が起こりましたか（8-18節）。おおまかにまとめ
  ましょう。

  注）ホレブ山（またはシナイ山）は、エリヤが若い者を残していったベエル・シェバ（3
    節）から、南へおよそ300キロ行ったシナイ半島の南端にあります。この山で、
    神はモーセに現れ、律法を与えてイスラエルの民と契約を結びました。エリヤ
    がバアルの預言者たちと対立したのはカルメル山で、それはイスラエルの北方
    に位置します。聖書巻末の地図等で確認しましょう。

4 a. 主は、エリヤにどのような問いかけをしていますか（9、13節）。

  b. 預言者エリヤは、どのような気持ちで主の問いかけに答えている
    と思いますか。

5 バアルの預言者たちとの対決の時に、圧倒的な主の力が示されたにもかかわらず、イスラエルの状態はどのようであることが想像できますか。

6 a. エリヤは、ホレブ山でどのような自然現象を見ましたか。

 b. 主は、どのようにご自身を現しましたか。

7 エリヤが主と向き合った後に与えられた、預言者としての新たな任務は何ですか（15 - 17節）。

8 エリヤは、新たな任務をどのような気持ちで受け止めたと思いますか。

9 主は、預言者エリヤの働きを継承する人物として、エリシャを備えられました。孤独な中に置かれていたエリヤにとって、エリシャの存在はどのような意味があったと思いますか。

10 イスラエルに主の預言者として残ったのは自分だけだと嘆くエリヤに、神はどのような約束を与えましたか（18節）。

11 a. この章で、神はエリヤの身体的、感情的、霊的な必要に、どう応えていますか。

 b. エリヤと同じように、私たちも人生の様々な場面で、肉体的な弱さを覚え、感情的にも、霊的にも落ち込むことがあるでしょう。エリヤの経験から教えられることはありますか。

♣ 8課と9課をまとめましょう ♣

1 神への奉仕に疲れ果て、落ち込んでしまった経験のある人は、エリヤの気持ちがよくわかることでしょう。自分の使命を果たしていく中で期待していたような結果が見えず、疲れて感情的にも不安定になってしまうこの預言者について、あなたはどのような印象を持ちますか。

2 エリヤが経験したことから、神に従うということについて何を教えられますか。

3 預言者エリヤの生き様から学んできましたが、主はあなたにどのようなことを語りかけていますか。

4 60－61ページにある表に、エリヤについて学んだことを書きとめましょう。

・むすび・

　エリヤの生涯において、絶頂期と低迷期の両方を見てきました。エリヤは権威をもって語り、力強く祈った人でした。神の養いを体験し、死んだ少年を祈りによって取り戻し、天からの火をもって答えられる神の圧倒的な力を目の当たりにしつつ、偶像の預言者たちに勝利しました。しかし、それにもかかわらず、北イスラエルは完全に神に立ち返ることなく、エリヤはイゼベルの脅しを恐れ、戸惑い逃げ出してしまったのです。肉体的な疲労と虚脱感と恐れが彼を捕えました。

　神は、そのような状態のエリヤをねぎらい、食事を与えて、ご自身を静かに示し、助け出しました。神は人を用いてみわざを成そうとされる時、ともに働くその人の必要に細やかに配慮してくださるのです。

「父がその子をあわれむように、主は、ご自分を恐れる者をあわれまれる。主は、私たちの成り立ちを知り、私たちが土のちりにすぎないことを心に留めてくださる。」（詩篇103篇13－14節）

・・

・祈り・

主よ、あなたは孤独なエリヤに目を留め、励ましてくださいました。
私たちが孤独を覚え、疲れ切ってしまう時にも
同じあなたの眼差しが注がれていることを信じます。
エリヤがあなたに力づけられて従っていったように、
私たちも戦いのなかで、あなたに忠実に従う者としてください。

イエス・キリストの御名によって祈ります。アーメン。

10課

ヨシャファテ―揺れる指導者 I

歴代誌 第二［下］17−19章

ヨシャファテは、アハブやエリヤと同時代に活躍した人で、紀元前約873年−849年まで南王国ユダを治めた王です。

ヨシャファテの父アサ王は、41年間南王国を治めました。国から偶像を取り除き、心を尽くして神である主に立ち返るよう民を導いたので、その治世のほとんどは平和でした。しかし、治世の36年目になって、彼は北王国イスラエルとの紛争を避けるために、主ではなくアラム（シリヤ）の王を頼って同盟を結ぶという愚かなことをしてしまいました。その後、彼は病になっても主を頼るのではなく、医者を頼り、結局その病で世を去りました。

アサ王の死後、その子ヨシャファテが王となりました。

II 歴代誌 17章

1 ヨシャファテはどのような王であったと記されていますか（1−6節）。

> 編集者注）「高き所」は、カナンの先住民が偶像の神々を礼拝していた場所のことです。祭儀が山の上で行われていたため、このように言われ、祭儀場や祭壇の意味で用いられていました。ソロモン王によってエルサレム神殿が建てられ、その後イスラエルの民は、神殿で真の神を礼拝するように命じられていましたが、背信の罪により、彼らは「高き所」で偶像礼拝をしていました。

2 ヨシャファテがとった具体的な政策をそれぞれの分野で見てみましょう。

- 軍備

- 宗教・教育

3 ヨシャファテの政治は、彼個人に、ユダ国内に、また周辺諸国との関係に、どのような結果をもたらしましたか。

4 17章を読んで、ヨシャファテ王についてどのような印象を持ちますか。

Ⅱ 歴代誌 18章

5 ヨシャファテは、どのようにして戦いに誘い込まれていますか（1－3節）。

> 注）ヨシャファテがアラムとの戦いに誘い込まれた時には、アハブはすでに20年間北王国イスラエルを統治していました。アハブとその妻イゼベルは、北王国を背信の罪へと導きました（Ⅰ列王記16章30－33節）。アハブは、アラム（シリヤ）に奪われたラモテ・ギルアデを奪い返そうとして、同盟国である南王国ユダにともに戦うよう求めました（Ⅰ列王記22章1－4節）。

6 ラモテ・ギルアデ奪還のためにアハブ王がヨシャファテを誘った時、ヨシャファテはアハブ王に何を要求しましたか（2－8節）。

7 a. 招集された預言者たちは、主のことばとして王たちに何を伝えましたか（5、9－11節）。

b. 預言者ミカヤは王たちに何と答えていますか（12－14節）。

c. 王の耳に心地よいことを告げる預言者たちの背後に、何があったとミカヤは述べていますか（18－22節）。

> 編集者注）14節のミカヤの言葉は、他の預言者たちの口調をまねて、「ああ、行きたければ行けばよい」と王を嘲笑した調子が含まれていたようです。アハブ王はことば尻だけを合わせているミカヤに腹を立てているのでしょう。

d. 預言者ミカヤは、主のことばを正しく伝えたがゆえに、どのような仕打ちを受けましたか（23－27節）。

8　預言者ミカヤによってわざわいが告げられたにもかかわらず、アハブとヨシャファテは、アラムとの戦いに出ていきました。

　　a. なぜ、ヨシャファテは命を落としそうになったのですか。

　　b. 助かったのは、なぜですか。どうして助かったのですか。

9　ヨシャファテは、息子の嫁としてアハブの娘を迎え入れたことによりアハブと同盟関係を結んでいました。そのため、ヨシャファテはアラムとの戦いへの参加を断りきれなかったようです。この政略結婚が、後の代までどのような影響を及ぼすことになったか、以下の箇所を読んで考えましょう。
　　II歴代誌21章1－7節、12－15節、22章1－4節

10　これまでのヨシャファテの歩みを通して、何を教えられましたか。

> **II歴代誌 19章**

11 a. ヨシャファテはアラムとの戦いの後、無事に自分の家に帰りました。その時、先見者（預言者）エフー［イエフ］は王に何を伝えに来ましたか。

　　b. ヨシャファテがアハブと同盟を結んだことを、主は、どのように評価していると思いますか。

12 a. それにもかかわらず、ヨシャファテは神の憐れみを受けました。なぜですか。

　　b. なぜヨシャファテは、アハブの誘いを受けるべきではなかったのでしょう。

13 その後ヨシャファテは、国内の安定を図るためにどのようなことを
しましたか（4−11節）。

14 ヨシャファテは、町ごとにさばきつかさ［裁判官］を立て、民事紛争
に対処しました。彼らが行うさばきについてどのような規範を与え
ていますか（6−7、9−11節）。

15 ヨシャファテがさばきつかさたちに命じたことは、今日の私たちの
生活や社会においてどのように適用することができますか。

♣ まとめましょう ♣

1 ヨシャファテがした改革を見ると（19章4−11節）、彼の人柄や能
力についてどのような印象を持ちますか。

2 60−61ページにある表に、これまでの学びでヨシャファテについ
てわかったことを書きとめましょう。

・祈 り・

主よ、ヨシャファテの失敗に学び、成功にならう者としてください。
日々の歩みの中で、私たちも主をおそれ、
正しいことが行えるよう導いてください。
難しい選択を迫られる時、
あなたのみこころに従うことが出来ますように。

イエス・キリストの御名によって祈ります。アーメン。

ヨシャファテ―揺れる指導者 II

歴代誌 第二［下］20章

＊10課で学んだヨシャファテ王の歩みを振り返り、簡単にまとめましょう。

II 歴代誌 20章

1　a. ヨシャファテとユダの民は、ここでどのようなことに直面していますか（1－2節）。

　　b. ヨシャファテは、この敵の侵略を、かつて預言者から告げられていた神の怒りの現れだと感じていたことでしょう（19章2節）。ヨシャファテはこの事態にどのように対応していますか（3節）。

2　ヨシャファテがユダ全国に断食を布告した後、ユダの民はどうしましたか。

3　a. 窮地に立たされたヨシャファテは主に助けを求めて祈っています。王はどのように祈っていますか（5－12節）。

　　b. あなたは、ヨシャファテの祈りからどのようなことを教えられますか。

4　a. ヤハジエルを通して語られた神からのメッセージは、どのようなものでしたか（13－17節）。

　　b. この戦いにおいて、主がすべてのユダの民と王に求めたことは何ですか（15－17節）。

5 　主のことばを聞いて、ヨシャファテとユダの民はどのように応答し
　　ましたか（18－19節）。

6 　a. 戦いの日、ヨシャファテは何と言って民を激励しましたか（20節）。

　　b. 普通なら、王はどのような指示を出して、民を戦いに備えさせま
　　　　すか。

　　c. しかし、神の約束があったこの時、ヨシャファテは民にどのよう
　　　　な指示を出していますか（21節）。

7 　敵の大軍が攻めてくるという時に、武器に頼って戦うのではなく、
　　主のなさる方法と約束を信じて待つことは、ユダの人々の信仰が試
　　されたことでしょう。
　　あなたは困難な状況の中で、主からの解決を待ったという経験があ
　　りますか。分かち合いましょう。

8 　神はどのタイミングでユダの敵に対して働かれましたか（21－23
　　節）。

9 　この戦いの結果はどのようなものでしたか。

10 a. ユダの民は、主の圧倒的な勝利を見て何をしましたか。

　　b. エルサレムには、どのようにして凱旋しましたか。

11 a. この戦いの勝利は、ユダの周辺諸国にどのような影響を与えまし
　　　　たか（29－30節）。

　　b. あなたの信仰者としての戦いとその結果は、周囲の人々にどのよ
　　　　うなメッセージを伝えていると思いますか。

12 主の大いなるみわざを経験したヨシャファテでしたが、どのような
　　弱さを持ち続けていたでしょうか（33－35節）。

　　編集者注）「高き所」については、49ページの編集者注を参照。ヨシャファテは、
　　　　　　一部の「高き所」は取り除いたようですが（17章6節）、全部ではなかった
　　　　　　ようです。

13 ヨシャファテは、「主の目にかなうことを行った」王として記されて
　　います（32節）。しかし彼は、悪事を行ったイスラエルの王と同盟
　　を結ぶという失敗もしました（18章1節、20章35節）。ヨシャファ
　　テの信仰者としての歩みから、あなたは何を学ぶことが出来ますか。

♣ 10課と11課をまとめましょう ♣

1　a. ヨシャファテは、どのような点で優れた指導力を発揮しましたか。

　　b. どのような弱さを持ち続けましたか。

2　a. ヨシャファテは、その生涯を通して、神はどのようなお方だとと
　　　　らえていたと思いますか。

　　b. ヨシャファテの人生から、あなたは何を学びましたか。

3　60－61ページにある表に、ヨシャファテについて学んだことを書
　　きとめましょう。

·むすび·

　ヨシャファテは、神のことばを重んじながら政治を行い、裁判において
ても主をおそれることを教えた優れた統治者でした。しかし、対外的
にはイスラエルの王たちとの関わりを断ち切れずに利用されて、国や民
が危険にさらされてしまうこともありました。弱さのうちに失敗を繰り
返しますが、彼は、いつも神の前にへりくだり、誠実であろうとしました。
　ヨシャファテの弱さによる影響は、後の代まで続きます。しかし、主
に従って生きようとしたヨシャファテを、主は憐れんでともに歩まれ、
彼は主の目にかなうことを行った王として覚えられています。

·祈　り·

主よ、あなたは私たちが助けを求めて叫ぶ時、
答えてくださるお方です。
弱さゆえに周りの人々に流されてしまいそうになる時、
主のみこころを選び取ることが出来るよう助けてください。
あなたの前に誠実に歩めるよう私たちを憐れんでください。

イエス・キリストの御名によって祈ります。アーメン。

まとめ

　ここまで、カレブ、ギデオン、サムソン、ルツ、エリヤ、ヨシャファテの生涯を見てきました。彼らが、直面したチャレンジにどのように応答したのか、またどのような結果が生み出されたのかを学びました。

　それでは、ここからは、60-61ページの表を見ながら、それぞれの人生をもう一度振り返りましょう。

1　この手引で学んできた6人が直面した**チャレンジ**（試練・挑戦・難しい選択など）を見ると、皆に共通していることはありますか。または、どのように違っていますか。

2　それらのチャレンジに対する**応答**に共通する点はありますか。またはどのように違いますか。

3　それぞれがした応答の**結果**はどうでしょうか。共通する点と異なる点を考えましょう。

4　ヘブル人への手紙11章6節にこのように書かれています。
　「信仰がなくては、神に喜ばれることはできません。神に近づく者は、神がおられることと、神がご自分を求める者には報いてくださる方であることとを、信じなければならないのです。」

　このみことばの視点をもって6人の人生を振り返ってみましょう。彼らの信仰は、その生き方の中にどのように表されていますか。

5　この手引の学びを通して、神と人との関係について何を教えられましたか。

6　この手引を使ってみことばを学んできた間に、あなたが教えられたことは生活の中でどのように生かされましたか。分かち合いましょう。

7　a. あなたはいま、主に従うようチャレンジを受けていることがありますか。

　　　b. どの人物の学びからそのように促されていますか。

　　　c. そのことについて、グループの仲間が助けられることはありますか。

・祈り・ ┄┄┄┄┄┄┄┄┄┄┄┄┄┄┄┄┄┄

主よ、旧約時代の信仰者たちの歩みを通して、
あなたが真実なお方であることを教えてくださり感謝します。
私たちの信仰生活にも、多くの戦いや葛藤があります。
また自分の弱さゆえに失敗することもあります。
しかし、どうか私たちの信仰を強め、
いま置かれたところであなたを信頼しながら、
生きることができるように助けてください。
私たちのする決断や選択が
あなたのみこころにかなうものとなりますように。
旧約時代の聖徒たちの歩みが、
今も私たちの道しるべとなっているように、

私たちの生き方が、この時代、そして後の世代に
主のご真実を伝えるものでありますように。

イエス・キリストの御名によって祈ります。アーメン。

「旧約聖書の聖徒たち2」では、ナアマン、ヨナ、ヨシヤ、ダニエル、
エズラ、ネヘミヤの生涯を学びます。

	チャレンジ (試練・挑戦・難しい選択など)	応 答	結 果
カレブ			
ギデオン			
サムソン			
ルツ			
エリヤ			
ヨシャファテ			

教えられたこと	自分への適用

「聖書を読む会」について

　1970年代に、スモールグループで聖書を読むことを励ます運動が始まり、そのための質問集（手引）を出版するようになりました。手引は、日本国内はもとより、世界各地の日本語を使う方々の間で用いられ、現在に至るまで、聖書を読むグループが起こされています。

　「聖書を読む会」は、始まりから今日まで、諸教会と主にある兄弟姉妹に支えられて、その働きが続いています。手引を低価格で提供できているのは、制作費や必要経費などが、献金によってまかなわれているためです。この働きを支えるためにご協力ください。

　なお、他の手引の情報や、スモールグループのための指針などの情報は、弊会ウェブサイト（https://syknet.jimdo.com）をご参照ください。

（郵便振替口座番号：00180－9－81537 聖書を読む会）

旧約聖書の聖徒たち 1

定価（本体600円＋税）

1990年　5月15日　初版発行
2013年　10月 1日　改訂版発行
2016年　10月 1日　第2刷
2022年　6月 1日　第3刷

著　　　者　　マリリン・クンツ／キャサリン・シェル

翻訳編集　　聖書を読む会

発　　　行　　聖書を読む会
　　　　　　　〒101-0062 東京都千代田区神田駿河台2-1　OCCビル内
　　　　　　　Website: https://syknet.jimdo.com

表紙デザイン　岩崎邦好デザイン事務所

印　　　刷　　(宗)ニューライフ・ミニストリーズ 新生宣教団